D1926780

Weihnachtliche Theaterstücke

Lorenz Wieland

Weihnachtliche Theaterstücke

FALKEN

Inhalt

VORWORT

Die Einstimmung auf das Weihnachtsfest fällt vielen Menschen heutzutage nicht mehr leicht. Dazu sind die Wochen vor Weihnachten zu sehr von großer Hektik und Streß mit Festvorbereitung und Geschenkerummel bestimmt.
Obwohl Weihnachtsartikel schon seit Anfang November in den Läden stehen und elektrische Kerzen an Weihnachtsbäumen oft vor dem ersten Advent brennen, will sich Vorfreude oft nicht einstellen.
Dabei ist die Adventszeit eigentlich eine ruhige und besinnliche Zeit. Nun ist zu merken, wie schon die Nachmittage allmählich dunkler sind und wie der Winter spürbar Einzug hält. Wegen Kälte und früher Dunkelheit können die Kinder oft nicht lange draußen spielen.Und so gibt es oft überschüssige Kräfte und verfügbare Zeit. Sie sehen: Eigentlich ist die Adventszeit eine besonders günstige Zeit, um Theater zu spielen.

Weihnachten
Mit den vier Adventsonntagen feiern wir das allmähliche Näherrücken des Weihnachtsfestes.
Die eigentliche Weihnachtszeit dauert zwölf Tage, beginnt mit dem 25. Dezember und endet mit dem 5. Januar. Man spricht auch von den „Heiligen Tagen“. Früher wurde dieser Zeit eine besondere Bedeutung zugemessen.
Am Heiligabend selbst feiern wir die Geburt des Jesuskindes, am Dreikönigstag, dem 6. Januar, die Ankunft der drei Weisen aus dem Morgenland beim Krippenkind.

Weihnachtsspiele
Weihnachtsspiele haben eine lange Tradition. Seit dem 12. Jahrhundert sind solche Spiele bekannt, vermutlich sind sie aber noch ein gutes Stück älter.
Weihnachtsspiele gehören in die Tradition der „Christspiele“ und wurden, als Teil des Gottesdienstes, zunächst auf lateinisch und erst später auf deutsch gespielt.
Neben den Weihnachtsspielen, die oft vor dem Kirchenportal aufgeführt wurden, gibt es noch weitere „Christspiele“.

Da sind zum Beispiel das „Paradeisspiel“ und das „Dreikönigsspiel“. Auch für andere kirchliche Feste wie Johanni, Pfingsten und Ostern gab es in vielen Regionen ganz unterschiedliche Stücke. Einige der alten Spiele, beispielsweise die „Oberuferer Spiele“, sind Anfang unseres Jahrhunderts „wiederentdeckt“ worden und werden nun alljährlich in der Advents- und Weihnachtszeit gespielt. In diesem Band sind das „Hirtenspiel“ und das „Dreikönigsspiel“ diesen alten Weihnachtsspielen nachempfunden. Es handelt sich dabei aber um Nachschöpfungen.

BEVOR ES LOSGEHT

In diesem Büchlein sind sieben neue weihnachtliche Spiele versammelt. Sie eignen sich für Kindergruppen und Schulklassen von 5 bis 13 Jahren.

● Die Stücke in dieser Sammlung sind von unterschiedlichem Charakter. Neben traditionellen Krippenspielen nach „alter Weise" (beispielsweise das „Hirtenspiel" und das „Dreikönigsspiel") findet man auch Spiele, die mit Weihnachten auf fröhliche und bisweilen freche Weise umgehen („Crouton, die Stallschwalbe", „Die Weihnachtsmäuse").
Außerdem gibt es ein winterliches Spiel („Der Findelbär"), das nur am Rande etwas mit Weihnachten zu tun hat.
Ab Seite 11 finden Sie „Alle Spiele auf einen Blick". Mit dieser Zusammenstellung über Spieldauer, Spielerzahl, Besonderheiten eines Stückes usw. können Sie vielleicht schon eine Vorauswahl treffen.
Die Rollen und damit auch die Sprecherwechsel sind durch Vignetten gekennzeichnet, die Ihnen ebenfalls in dieser Übersicht vorgestellt werden.

● Einige Spiele sind ohne viel Vorbereitung umzusetzen, für andere muß man sich etwas mehr Zeit nehmen. Sie finden alle Informationen, die Sie brauchen, in der Beschreibung, die jedem Stück vorangeht. Dort lesen Sie auch, welche Requisiten und Kostüme Sie benötigen und wie sie zu beschaffen sind.
Für einige Spiele ist eine Bühne sinnvoll, für andere brauchen Sie keine. Überlegen Sie zuallererst, in welchem Rahmen gespielt werden soll, dann werden Sie sicher keine Schwierigkeiten haben, das für Sie geeignete Stück herauszufinden.

● Bedenken Sie, daß nicht unbedingt alle Kinder vor Weihnachten sehr viel Zeit zum Proben haben.
Aber: Ein kleines Spiel kann genausoviel Spaß machen und Freude bringen wie ein großes.

● Die „moderneren“ Stücke in diesem Buch können auch von Klassen mit gemischter Religionszugehörigkeit gespielt werden, ohne daß religiöse Gefühle verletzt werden.
Vielleicht werden Sie überrascht sein, wie gut sich gerade Theaterspielen für die Einstimmung in die Weihnachtszeit eignet. Das gilt übrigens für die Kinder genauso wie für die begleitenden Erwachsenen. In einem Weihnachtsspiel wird die Vorstellung mehr noch als bei einem normalen Theaterspiel zu einem besonders festlichen Ereignis.

Die Aufführung

Es gibt viele Möglichkeiten, Weihnachtsspiele aufzuführen. Zu einer Vorstellung kann man in einen vorbereiteten Raum einladen, es gibt aber auch die Möglichkeit, in Altenheimen und Kinderkliniken zu spielen, sofern man sich rechtzeitig mit diesen Stätten in Verbindung setzt.
Ebenso kann man einen Elternabend oder die letzte Schulstunde vor Weihnachten mit einer Aufführung bestreiten.
Manchmal ist es nach Absprache mit dem Pfarrer sogar möglich, ein Krippenspiel am Heiligabend selber in oder vor der Kirche aufzuführen.
Für ein Krippenspiel brauchen Sie normalerweise nicht viel Ausrüstung. An manchen Orten ist es möglich, sich die Kostüme, die Krippe, den Stern usw. im Kindergarten, der Schule oder dem Pfarrhaus auszuleihen. Sollte die Ausstattung kärglich bleiben, ist das nicht schlimm: Es kommt bei diesen Spielen auf den äußeren „Schmuck“ nicht so sehr an.

Beleuchtung

Bei den Krippenspielen im üblichen Sinne ist eine hell ausgeleuchtete Bühne nicht nötig. Es ist sogar sehr reizvoll, wenn die Szene mit Kerzen oder Teelichtern beleuchtet wird, die im Halbkreis oder im Kreis aufgestellt werden. Das Spiel wird dann im Dämmerlicht aufgeführt. Auf normale Zimmerbeleuchtung sollte man allerdings verzichten. Be-

sonders Leuchtstoffröhren sind für eine gemütliche, feierliche Atmosphäre überhaupt nicht geeignet.
Bei den Spielstücken, in denen nicht die biblische Geschichte im Vordergrund steht, sollte man aber auf die Unterstützung durch Bühne, Licht und Requisiten nicht verzichten.
Bühnenlichter können Sie ausleihen. Fragen Sie am besten beim nächsten Theater nach Kontaktadressen, oder schlagen Sie im Branchenbuch unter „Tonanlagen- und Beleuchtungsverleih" nach. Sinnvoll sind vier Scheinwerfer à 500 Watt, verteilt auf vier etwa 2,20 m hohe Stative. Beleuchten Sie möglichst über kreuz, damit der Blendeffekt reduziert wird.

Musik
Musik ist ein ganz besonderes Stimmungsmittel, auf das Sie nicht verzichten sollten. Die meisten Stücke haben eigens komponierte Lieder, die sich leicht merken lassen. Sie strukturieren den Ablauf eines Stückes und erleichtern damit die Probenarbeit.
Wer sich das Singen nicht zutraut, kann die Lieder auch im Sprechgesang vortragen. Besser klingen sie mit Klavier- oder Gitarrenbegleitung. Auch

ungesungen bieten die Melodien die Möglichkeit, Übergänge zu gestalten.
Wenn Sie selbst kein Instrument spielen, fragen Sie doch einfach Kollegen oder Eltern. Erfahrungsgemäß wird hier gerne unterstützt und geholfen.

Die Proben
Das Stück wird zunächst vorgelesen und dann einmal nachgestellt, ohne daß der Text dabei schon beherrscht werden muß. Durch die Wiederholung lernen die Kinder die Texte allmählich fast von allein.
„Weiße Stellen“ im Text, also solche, die den Spielern immer wieder entfallen, lassen sich besser merken, wenn sie mit besonderen Gesten oder Handlungen verbunden werden. Hilft alles nichts, muß eben auswendig gelernt werden. Gereimte Texte sind leichter zu lernen, weil sie einen Rhythmus vorgeben und die Reimpaare sich schnell einprägen.
Um sich gemeinsam auf das Spiel einzustimmen, empfiehlt es sich, am Anfang der Proben eine „Zeitlupenübung“ oder eine „Summübung“ zu machen.
In der *Zeitlupenübung* nimmt man sich gemeinsam eine alltägliche Handlung wie Frühstücken, Kofferpacken usw. vor, die man erheblich verlangsamt und ohne Worte ausführt. Man muß gut aufeinander achten, um sich beim Spiel nicht gegenseitig in die Quere zu kommen. Dabei gibt es einiges zu lachen.
Bei der *Summübung* sucht sich jeder seinen „eigenen Ton“, den er vor sich hinsummt. Zusammen mit den Tönen der anderen ergibt das einen Klang, der sich zunächst schräg und „kakophonisch“ anhört, schließlich aber fast immer zu einem harmonischen Klang führt.
Beide Übungen sind auch dazu geeignet, vor einer Aufführung die Konzentration zu erhöhen.
Und nun viel Spaß beim Spielen!
Weitere gute Spielvorbereitungen und Aufwärmspiele finden Sie in „Kinder spielen Theater“ von Gisela Walter (FALKEN Band 4696).

ALLE SPIELE AUF EINEN BLICK

Kleines Hirtenspiel
Charakter: traditionell
Alter: ab 5 Jahren
Dauer: ca. 20 Minuten
Aufwand: gering
Spielerzahl: 12 Spieler

- Maria
- Josef
- Bratapfel, erster Wirt
- Krautkohl, zweiter Wirt
- Schwarzbrot, dritter Wirt
- Süßmost, vierter Wirt
- Heiner, erster Hirte
- Ludwig, zweiter Hirte
- Peter, dritter Hirte
- Jakob, vierter Hirte
- Simon, fünfter Hirte
- der helle Stern

Der kleine Tannenbaum
Charakter: fröhlich
Alter: ab 7 Jahren
Dauer: ca. 25 Minuten
Aufwand: braucht Zeit
Spielerzahl: 12-20 Spieler

- der größte Tannenbaum
- der kleine Tannenbaum
- erste Tanne
- zweite Tanne
- dritte Tanne
- vierte Tanne
- fünfte Tanne
- mehrere Tannen
- der Bürgermeister
- die Holzfäller
- der Pfarrer
- erster Vater
- erste Mutter
- zweiter Vater
- zweite Mutter
- das Mädchen

Der Findelbär
Charakter: witzig
Alter: ab 7 Jahren
Dauer: ca. 25 Minuten
Aufwand: zeitintensiv
Spielerzahl: 5-15 Spieler

Findelbär
erster Schütze
zweiter Schütze
dritter Schütze
vierter Schütze

Die Weihnachtsmäuse
Charakter: lustig, frech
Alter: ab 7 Jahren
Dauer: ca. 20 Minuten
Aufwand: zeitintensiv
Spielerzahl: 13-20 Spieler

Kirchenmaus Pieps
Kirchenmaus Fieps
Elvira, die Graumaus
Theodora, die Feldmaus
Tristan, Wühlmäuserich
Penelope, seine Gattin
Siebenschläfer
Pfarrer
Gemeinde

Crouton, die Stallschwalbe
Charakter: lustig/frech
Alter: ab 9 Jahren
Dauer: ca. 10 Minuten
Aufwand: gering
Spielerzahl: 5 Spieler

Croutons Frau
Crouton, die Schwalbe
Engel
Maria
Josef

Jubilate oder Die Himmelsleiter
Charakter: heiter
Alter: ab 7 Jahren
Dauer: ca. 35-45 Minuten
Aufwand: gering
Spielerzahl: mind. 14 Spieler

Jubilate, der kleine Engel
Amadeus, Leiter des Engelchors
Sibelius, Engelsältester
Laurenzo, Sternschnuppenvorsteher
Angelus, Vorsänger
Venezius, Stellwerksleiter
Heinz Jubeljahr
Helga Jubeljahr
mehrere Engel
Sophie
Udo

Dreikönigsspiel
Charakter: festlich/fröhlich
Alter: ab 5 Jahren
Dauer: ca. 20 Minuten
Aufwand: gering, zur Aufführung in kleinem Kreis geeignet
Spielerzahl: 12 Spieler

Sternträger-Engel
König Kaspar
König Melchior
König Balthasar
Maria
Joseph
ein Bauer
ein Hirte
ein Lastenträger
Herodes
erster Wächter
zweiter Wächter

KLEINES HIRTENSPIEL

Handlung

Josef und Maria sind auf dem Weg nach Bethlehem. Nirgendwo ist ein Zimmer für sie frei. Endlich zeigt ihnen ein Wirt einen Stall, in dem sie bleiben dürfen. Dort kommt ihr Kind zur Welt. Bald finden sich die Hirten ein und begrüßen das Neugeborene mit Geschenken.

Bühne

Dieses Spiel kann ohne Bühne fast überall gespielt werden: auf dem Marktplatz, in der Kirche oder im Klassenzimmer. Es benötigt allerdings eine 5 x 6 m große Freifläche.
Die Kinder legen einen *Steinkreis* aus großen weißen Kieselsteinen. Dieser Kreis hat etwa drei Meter Durchmesser. Die große Gruppe aller Spieler geht innerhalb des Steinkreises, Maria und Josef wandern außerhalb. Mitten im Kreis steht die *Futterkrippe*, die mit Heu oder Stroh gefüllt ist.

Kostüme und Requisiten

Maria und Josef

Zu einem traditionellen Hirtenspiel gehören die althergebrachten Kostüme. Maria und Josef sind so gekleidet, wie auch die Maler sie seit vielen Jahrhunderten darstellen. Sie sind deshalb auch für den Zuschauer immer sofort erkennbar.
Maria trägt ein rotes Kleid mit einem darübergelegten langen blauen Tuch. Josef hat einen braunen Umhang umgelegt, in der Hand hält er einen Wanderstab.

Der Sternträger

Der Sternträger hat ein hellgelbes weites Kleid an, aus sehr leichtem Stoff, z.B. Seide, und eine glänzende Sternenkrone.
Diese Sternenkrone stellen Sie am besten aus Pappe her und bekleben sie anschließend mit Silber- oder Goldfolie.
Der Sternträger hat einen weißbemalten Rundstab von 1 m Länge, an den ein goldlackierter Holzstern von etwa 40 cm Durchmesser genagelt ist.

Die Hirten

Die Hirten tragen alte, verschlissene Jacken, Mäntel oder Fellwesten. Ein Hirte kann sich auch eine Decke um die Schultern legen, die er vorne einfach zuhält.
Als Geschenke der Hirten werden gebraucht: eine große Milchkanne, ein großer und ein kleiner Sack (für Heu und Tee), ein großes Stück Käse und ein Bündel ungesponnene Schafwolle (zur Not auch Watte).

Die Wirte

Die Wirte stattet man am besten mit Schürze und dickem Bauch aus. Achten Sie aber darauf, daß nicht alle gleich aussehen.
Vielleicht wollte einer der Wirte gerade zu Bett gehen, hat darum schon sein Nachthemd an und trägt eine Schlafmütze, ein anderer kommt beispielsweise direkt aus dem Keller, wo er Wein oder Kohlen holen wollte. Die Wirte tragen Laternen mit Kerzenlicht.

Musik

Das Singen der Spieler wird instrumental begleitet. Denkbar sind dabei alle verfügbaren Instrumente, vom Glockenspiel bis zum Dudelsack. Versuchen Sie, ein großes Orchester zusammenzustellen. Jeder Musiker ist willkommen!

Rollen

Maria

Josef

Bratapfel, erster Wirt

Krautkohl, zweiter Wirt

Schwarzbrot, dritter Wirt

Süßmost, vierter Wirt

Heiner, erster Hirte

Ludwig, zweiter Hirte

Peter, dritter Hirte

Jakob, vierter Hirte

Simon, fünfter Hirte

der helle Stern

Obwohl sie im Spiel nicht namentlich angesprochen werden, haben die Hirten alle einen Namen. Dies erleichtert die Probenarbeit und die Identifikation mit der Rolle. Natürlich können Namen auch verändert oder – in anderen Stücken – einfach erfunden werden.

Kleines Hirtenspiel

Die Spieler gehen im Kreisinneren herum, Maria und Josef schreiten in entgegengesetzter Richtung außen am Kreis entlang. In der Mitte des Kreises steht eine Krippe. Während die Spieler im Kreis gehen, singen oder sprechen sie gemeinsam das Lied „Was gehen um ...“

Alle Spieler bleiben stehen. Josef klopft mit seinem Stab auf den Boden.

Was will er, was klopft er,
was treibt ihn ans Tor?
Geht weiter, bin müde,
ich leg mich aufs Ohr!

Herr Wirt, bitte hört mich,
wir suchen ein Zimmer.

Das findet ihr hier nicht,
und anderswo nimmer!

Der innere Kreis setzt sich in Bewegung, etwas später gehen Maria und Josef in entgegengesetzter Richtung den äußeren Kreis.

Alle singen die zweite Strophe von „Was gehen um ...“.

2. Was gehen um und um
die Leut',
was suchen sie gerade heut?
Ist jedes Haus belegt,
und keiner, der versteht?
Und keiner, der versteht?

Alle Spieler bleiben stehen. Josef klopft mit seinem Stab auf den Boden.

Was gibt es, was ist es,
was klopft da und stört?
Ihr Fremden wißt wohl nicht,
was sich hier gehört!

Wir brauchen nicht viel,
nur ein Plätzchen zum Sein.

Bei mir kommen solche
wie ihr nicht herein.

Der innere Spielerkreis setzt sich in Bewegung. Maria und Josef gehen in entgegengesetzter Richtung außen herum.
Alle singen die dritte Strophe von „Was gehen um...“.

3. Was gehen um und um
die Leut’,
was suchen sie gerade heut’?
Ist einer da, der sieht
und weiß, was bald geschieht?
Und weiß, was bald geschieht?

Alle Spieler bleiben stehen. Josef klopft mit dem Wanderstab auf den Boden.

Geholper, Gepolter,
was hält man davon?
Von solchen wie euch
kriegt Flöh' man zum Lohn!

Maria ist schwach, sie kann
nicht mehr gehen.

Dann solltest du nach einem
and'ren Haus sehen!

Die beiden Spielerkreise setzen sich in Bewegung.
Alle singen die vierte Strophe von „Was gehen um...".

4. Was gehen um und um
die Leut',
was suchen sie gerade heut'?
Die Stadt ist übervoll.
Was man nur machen soll?
Was man nur machen soll?

Alle Spieler bleiben stehen.
Josef klopft mit dem Wanderstab auf den Boden.

Zwei Müde, zwei Schwache,
ein trauriger Fall.
Kommt mit, ihr zwei Fremden,
ich zeig euch den Stall.

Wir danken euch, Wirt,
für den warmen Ort.

winkt ab
Ist gut schon, ist recht schon!
Drum spart euch die Wort'!

Josef und Maria stehen nun in der Kreismitte bei der Krippe.
Der Kreis der Spieler setzt sich in Bewegung.
Alle singen die fünfte Strophe von „Was gehen um ...".

5. Was gehen um und um
die Leut',
was suchen sie gerade heut'?
Am Himmel einen Stern,
der leuchtet hell von fern.
Der leuchtet hell von fern.

Maria kehrt dem Publikum kurz den Rücken zu. Wenn sie sich umdreht, hält sie die Arme so, als ob sie ein Kind darin wiegt. Josef steht dabei. Alle anderen knien nieder. Heiner geht zur Krippe.

Du kleines Kind hast Licht gebracht,
so hell, wie's keiner je gedacht.

kommt eilig dazu
Es friert doch, gib ihm die Wolle!
Heiner legt Wolle auf die Krippe.

Wo ist die Kanne Milch, die volle?
Ludwig stellt die Kanne Milch zur Krippe.

Du liebes Kind,
Käs' von der Ziege –
ich hoffe, daß ich richtig liege!

Er legt einen Käse zur Milchkanne.

tragen zusammen einen großen Sack.
Wir haben gutes Wiesenheu,
für's Bettelein vom Kind.
Und hier ein Säckchen Wintertee,
weil wir nur Arme sind.

Wir danken euch für alle Gaben,
das Kindlein wird dran Freude
haben.

Ihr Hirten seid nie mehr allein,
es leitet euch ein heller Schein.

Die Hirten gehen in den Kreis zurück.

Maria, soll's nun weitergehn?
Auch ich tät gern das Kindlein
seh'n!

Nun freilich, Sternlein, komm nur her,
denn ohne dich kein Zeichen wär.

Das Licht, das laß ich liegen,
sonst blendet es euch nur!
Das Kindlein ist, das weiß ich,
noch lichterer Natur!
Der Stern huscht zum Kind.
Dir, Kindlein in der Krippe klein,
will ich Schutz und Bote sein.
Der helle Stern geht zurück in den Kreis. Dort nimmt er den Sternenstab auf. Der Kreis setzt sich in Bewegung.

Alle singen die letzte Strophe von „Es gehen um ...“.

6. Es gehen um und um die
Leut'
die neue Zeit beginnt
nun heut'.
Die Dunkelheit vertreibt
ein Licht, das ewig bleibt.
Ein Licht, das ewig bleibt.

DER KLEINE TANNENBAUM

Handlung

Im Wald ist es winterlich kalt. Bald ist Weihnachten, und die Nadelbäume warten darauf, daß sie ausgesucht und von den Menschen zur Weihnachtsfeier eingeladen werden.
Der kleine Tannenbaum, so sagen die anderen, hat eigentlich keine Chance, denn er ist ein bißchen klein und auch ein bißchen krumm gewachsen. Schließlich findet aber doch jeder Baum seinen Platz: entweder auf dem Marktplatz, vor der Kirche oder in einem Weihnachtszimmer.

Bühne

Vorhang
Für dieses Stück braucht man einen Vorhang, der im Hintergrund hängt. Von dort kommen die Holzfäller, und dorthin gehen auch die Bäume, wenn sie „gefällt“ worden sind. Ein solcher Hintergrundvorhang (Fachsprache: Prospekt) macht aus jedem Klassenzimmer gleich einen Theaterraum. Wenn er nicht bemalt ist, sollte er relativ dunkel sein – ein weißer Stoff läßt die Spieler blaß aussehen und reflektiert das Licht zu stark.
Eine Stofffläche (Sackleinen, Nessel) von etwa 12 m^2 besteht aus vier meterbreiten Bahnen von 3 m Länge, die zusammengenäht werden. Die obere Kante bekommt einen Saum von ca. 5 cm Breite, der links und rechts offen bleibt. Durch den Saum ziehen Sie eine Schnur und binden diese links und rechts an den Wänden fest. Gegebenenfalls müssen Haken in den Wänden befestigt werden.
Sie können aber auch einfach eine Wäscheleine spannen und daran mit Wäscheklammern Tücher oder Bettlaken befestigen. Der Stoff muß bis auf den Boden herunterhängen, damit nicht etwa die Füße der dahinter stehenden Spieler zu sehen sind.
Man kann auch *Makulaturpapier* (gibt es in Druckereien) verwenden, das am besten doppelt gelegt und mit Tapetenkleister verklebt wird. Dieser Vorhang kann von den Kindern mit Walzen bedruckt oder mit großen Pinseln und sogar mit den Fingern bemalt werden.

Den oberen Rand eines solchen Vorhanges klemmen Sie zwischen zwei Dachlatten fest, die verschraubt werden. Dadurch wird der Prospekt gut festgehalten und ist auch reißfester. Die Dachlatten werden mit seitlichen Schnüren an Haken an der Decke befestigt.

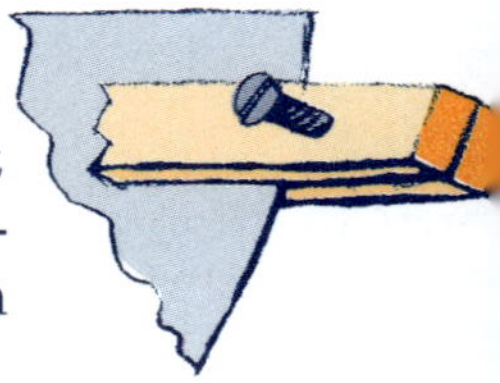

Kostüme und Requisiten

Die Tannenbäume

Für die Tannenbäume gibt es in Dekorationsgeschäften lange, grüne Girlanden zu kaufen, die sich die Spieler um den Körper schlingen können. Beide Enden der Girlande werden jeweils in einer Hand gehalten.
Etwas aufwendiger, aber viel dekorativer ist die folgende Lösung: Jeder der Tannenbaumspieler trägt einen Stock (Besenstiel) in der Hand, von dessen Spitze aus vier bis fünf grüne Bänder nach unten hängen. Dort hinein werden nun drei bis fünf Drahtkreise geknotet, die mit grünem Krepppapier besteckt sind (siehe Zeichnung auf S. 25). So ein Baum erinnert an eine Krinoline und läßt sich leicht zusammenlegen. Je mehr grünes Papier um die Drähte gewickelt wird, desto weniger ist der Spieler dahinter zu sehen.

Der Pfarrer

Der Pfarrer hat ein Gesangbuch in der Hand, er trägt einen langen schwarzen Rock. Ein weißer papierner Kragen, den man mit Klebefilm von innen schließen kann, erinnert an ein Beffchen, wie es die evangelischen Pfarrer tragen.

Die Holzfäller

Die Holzfäller tragen Zipfel- und Ohrenmützen sowie buntkarierte Holzfällerjacken. Beilstiele werden mit der Bandsäge von oben eingesägt und mit Schneiden aus bronzebemalter Pappe versehen.

Der Bürgermeister

Der Bürgermeister kann einen Zylinder und eine schwarze Jacke tragen. Eine Fliege gibt ihm den richtigen Pfiff.

Die Väter und Mütter
Die Väter und Mütter sind in Alltagskleidern unterwegs. Allerdings sollte keinem von ihnen der Zollstock fehlen, mit dem sie auch immer wieder verschiedene Formen biegen können.

Das Mädchen
Das Mädchen trägt Rock oder Hose mit einem einfachen Hemd oder T-Shirt darüber. Trägt es ein Cape um die Schultern, kann es gut spielen, wie kalt es gerade ist.

Rollen

- der größte Tannenbaum
- der kleine Tannenbaum

4 bis 8 verschieden große Tannen

- erste Tanne
- zweite Tanne
- dritte Tanne
- vierte Tanne
- fünfte Tanne
- alle Tannen
- der Bürgermeister
- die Holzfäller
- der Pfarrer
- erster Vater
- erste Mutter
- zweiter Vater
- zweite Mutter
- das Mädchen

Übrigens:
Bei diesem Spiel muß man den Kindern natürlich deutlich machen, daß der Wald keinen Schaden nimmt, wenn ihm mit Bedacht Bäume entnommen werden. Die anderen Bäume können dann besser wachsen.

Der kleine Tannenbaum

Die Tannenbäume stehen im Wald. Sie wiegen sich hin und her und singen:

- Winter ist geworden.
- Hier und allerorten.
- Kein Vöglein hört man singen.
- Man sieht kein Rehkitz springen.

außer der Reihe
Mir ist ein bißchen kalt.

Unfug! Ein Tannenbaum friert doch nicht.

Aber wenn ich doch trotzdem friere?

Dann irrst du dich.
Die Tannenbäume wiegen sich wieder.

nacheinander, je nach Anzahl verteilt
Winter ist geworden.
Hier und allerorten.
Kahl sind alle Felder.
Weiß sind alle Wälder.
Nun ist es bald soweit.
Jetzt kommt die Weihnachtszeit.

Die Weihnachtszeit?
Was ist denn die Weihnachtszeit?

nacheinander, je nach Anzahl verteilt
Oh, das ist eine wunderbare, feine Zeit.
Alle Jahre werden die schönsten Bäume ausgesucht.
Und die werden mitgenommen.
Und ins Weihnachtszimmer eingeladen.
Und dort geschmückt.
zusammen
Herrlich geschmückt!

Geschieht das auch dieses Jahr?

Das geschieht jedes Jahr, und darum geschieht es dieses Jahr auch.

Der kleine Tannenbaum schaut sich um.
freut sich
Wann kommen sie denn endlich?

Du brauchst dir keine Hoffnungen zu machen.
Du bist klein und krumm. Dich wollen sie nicht.

kleinlaut und traurig
Oh.

nacheinander, je nach Anzahl verteilt
Winter ist geworden.
Hier und allerorten.
Kahl sind alle Felder.
Weiß sind alle Wälder.
Nun ist es bald soweit.
Dann kommt die Weihnachtszeit.
Ein Baum wird ausgewählt,
der den schönsten Platz erhält.

Der Bürgermeister tritt mit den Holzfällern auf. Sie singen die erste Strophe von „Für den Marktplatz“

Sie schauen sich um und gehen in einem großen Kreis um alle Bäume herum. Alle werden kritisch begutachtet, bis der Bürgermeister schließlich vor dem großen stehenbleibt.

Der ist prächtig, der wird wunderschön geschmückt auf unserem Marktplatz stehen.

Der gefällt! Der wird gefällt! Eins, zwei, drei ...

Der Baumspieler geht einen Schritt nach vorne, wie über eine unsichtbare Schnur, und folgt nun der Gruppe von Baumfällern und Bürgermeister. Diese bilden einen großen Kreis, fassen sich an den Händen, und mit dem sich drehenden Baumspieler in der Mitte gehen sie gemeinsam davon. Die anderen Bäume schauen ihnen hinterher.

Der hat ein Glück!

Der kommt nicht zurück!

Nun beginnen sich die Bäume wieder im Wind zu wiegen. Da einer der Bäume fehlt, wird nicht mehr der ganze Vers gesprochen.

nacheinander, je nach Anzahl verteilt

Winter ist geworden.
Weiß sind alle Wälder.
Nun ist es fast soweit.
Es kommt die Weihnachtszeit.
Ein Baum wird ausgewählt,
der einen neuen Platz erhält.

Der Pfarrer kommt mit einer Gruppe von Holzfällern. Sie schauen sich ebenfalls nach einem schönen Baum um. Wie der vorhergehende Baumfällertrupp suchen sie nun auch eine ganze Zeit lang nach dem passenden Baum.

Pfarrer und Holzfäller singen die zweite Strophe von „Für den Marktplatz“.

2. Für die Messe, für die Kirche
wird ein Bäumchen ausgewählt,
das dann schön geschmückt mit Kerzen
Weihnachten den Platz erhellt.
Vor der Kirche, bei der Türe,
richten wir den Baum dann auf.
Lichterkerzen und Lametta,
Kugeln kriegt er auch zuhauf.

Der ist groß, der ist schön,
der wird in unsrer Kirche steh’n.

Der gefällt, der wird gefällt.
Eins, zwei, drei ...

Der ausgewählte Tannenbaum wird wie der erste „gefällt" und in den Kreis der Holzfäller genommen. Sie gehen zusammen ab.

Der hat ein Glück.

Wir bleiben zurück.

Die Bäume wiegen sich im Wind. nacheinander, je nach Anzahl verteilt
Winter ist geworden.
Hier und allerorten.
Kahl sind alle Felder.
Weiß sind alle Wälder.
Nun ist es bald soweit.
Dann kommt die Weihnachtszeit.
Ein Baum wird ausgewählt,
der den schönsten Platz erhält.

verzagt
Kommt denn nun keiner mehr?

Das muß man sehen.

Das kann man sehen:
dort kommen wieder lauter Väter,
lauter Mütter.

Nun kommt eine große Gruppe von Menschen in den Wald. Es sind Väter und Mütter mit Zollstöcken.
Väter und Mütter singen die dritte Strophe von „Für den Marktplatz".

3. Gradgewachsen,
dichte Zweige,
schön und grün, die Nadeln
fein:
Unser Baum,
der darf kein Riese –
und soll auch kein Zwerglein
sein.
Er muß in die Wohnung
passen,
denn die Decke ist nicht hoch.
Man muß eine Weile suchen,
schließlich findet man ihn
doch.

Sie schauen sich um und schwärmen in den Wald aus, um einen Baum zu finden.

mißt eine Tanne mit dem Zollstock
Zwei Meter zwanzig!

Paßt genau!

Gut gewachsen!

Und der erst, schau, schau.

deuten jeweils auf „ihren" Baum
Der ist's, den ich hau!
Sie gehen ab und nehmen „ihre" Bäume mit. Nur der kleine Baum bleibt übrig. Er versucht sich nun alleine zu wiegen.

Hier und allerorten ... äh,
Kahl sind alle Felder.
Weiß sind alle Wälder, äh,
Ein Baum wird nicht gewählt,
ein kleiner Baum, der wo nix zählt.
Er schaut sich um.

Keiner will einen kleinen,
schräggewachsnen Weihnachts-
baum.
Es ist ein Jammer,
ein Jammer, ein Jammer!
Er schaut sich noch einmal um.
Und dann bin ich auch noch ganz
allein.
Und frieren tu ich immer noch.
Jetzt, wo die anderen verschwun-
den sind,
bläst der Wind noch kälter ...

***Er läßt traurig seine Zweige hän-
gen. Nun tritt ein Mädchen auf.
Auch es sucht einen Tannenbaum.
Mädchen singt die vierte Strophe
von „Für den Marktplatz".***

4. Ach, ich suche und ich
finde
nicht den Baum, der zu mir
paßt.
Hier nicht, dort nicht,
allenthalben –
glaub, ich will verzweifeln
fast!
Keine große Riesentanne –
lieber eine klein und dicht,
denn das Bäumchen,
das ich suche,
trägt dann sternenfeines Licht!

***Das Mädchen geht um den klei-
nen Baum herum, der es Aufmerk-
samkeit heischend anblickt.***

Es ist nur noch einer da –
doch der gefällt mir wunderbar!
Kommst du mit?

zart
Oh, ja.

***Die beiden gehen Hand in Hand
zusammen weg.
Alle Mitspieler kommen auf die
Bühne (die „Tannen" ohne Kostüm).
Alle singen nach der Melodie
von „Hier steh'n wir Tannen-
bäume" (S. 24).***

Da standen Tannenbäume
und wiegten sich im Winterwind,
die waren grün und kräftig,
weil sie Nadelbäume sind.
Die Eichen und die Buchen,
die sind schon lange kahl.
Die Blätter, die sie hatten,
die fielen ohne Zahl.
Sie liegen nun am Boden,
und weil's darüber schneit,
drum kann man sie nicht sehen,
so winterlich ist's heut.
Da standen Tannenbäume
und wiegten sich im Winterwind.
Doch wartet, wie viele Bäume
im nächsten Jahr hier sind!

DER FINDELBÄR

Handlung

Der Bär fühlt sich in seiner Höhle nicht mehr wohl. Winterschlaf ist schön und gut, aber nicht, wenn man Hunger hat. Der Bär beschließt, zur nächsten Hütte zu gehen und sich dort einfach wie ein Findelkind vor die Haustüre zu legen. Dort allerdings trifft er die Schützen, die ihn für einen verkleideten Schützenbruder aus dem Nachbardorf halten.

Bühne und Spieltips

Tuch

Ein 4 x 4 m großes weißes Tuch aus leichtem Nesselstoff, Viskose oder ausgedienten Bettlaken ist die Schneedecke. In der Mitte hat das Tuch einen Schlitz, der etwa 80 cm lang ist. Damit der Schlitz nicht ausreißt, wird er umsäumt. Zwei bis drei Klettverschlußpunkte sorgen dafür, daß der Schlitz geöffnet und geschlossen werden kann. So taucht dann aus der schneebedeckten Höhle der Bär auf.

Zunächst liegt das weiße Tuch über der Einrichtung des Schützenhauses. Dazu gehören Kisten, Fässer, Klapptisch und Bank. Der Bär sitzt auch darunter, um am Anfang des Stückes hervorzukriechen.

Wenn die Spieler das Schützenhaus betreten, wird das weiße Tuch einfach zur Seite gezogen.

Kostüme und Requisiten

Die Schützen

Die Schützen sollten ganz in Grün gewandet sein. Sie tragen breite Gürtel. Das wichtigste Bekleidungsstück aber ist ihr Hut, ein richtiger Wander- oder Trachtenhut.

Bei diesem Spiel geht es nicht ohne Gewehre. Am besten, es sind „richtige“ Büchsen: lange Stöcke, die auf einem Armgriff festgeschraubt werden, der wiederum aus einem Brett gesägt ist. Vorne auf dem Lauf steckt eine leere Konservenbüchse. Von gekauften Spielzeuggewehren ist abzuraten. Sie sind nicht dekorativ und verführen zu Unfug bei den Proben.

Der Bär

Der Bär bekommt ein Kostüm aus Teddystoff. Dieses sollte möglichst aus drei Teilen (Unterteil, Oberteil, Kopfteil mit Ohren) geschneidert sein. Wem dies zu aufwendig ist, der kann sich auch mit einem erheblich zu großen Stoff- oder Fellmantel behelfen.

Die einfachste Möglichkeit ist die, den Bären mit einer Tellermaske auszustatten. Man kann aber auch eine Bärenschnauze aus Schaumstoff zurechtschneiden und bemalen. Mit Bändern befestigt wird sie dann wie eine Clownsnase getragen.

Musik

Das Schützenlied darf kräftig gesungen werden. Der Findelbär versucht es den Schützen gleich zu tun.

Rollen

Findelbär

4 bis 10 Schützen, darunter:

erster Schütze

zweiter Schütze

dritter Schütze

vierter Schütze

Der Findelbär

Der Bär kriecht aus seiner Höhle. Er hält sich den Bauch vor lauter Hunger. Die Mitspieler machen Windgeräusche, indem sie beispielsweise durch die Zähne pfeifen.

jammernd
Achachach ... trübe ist das und so kalt.
Und Hunger habe ich, einen solchen Hunger.
Einen richtigen Bärenhunger.
Ich würd' gerne einen Winterschlaf halten, aber doch nicht, wenn ich solchen Hunger habe.
Und überall nur Zweige und Rinden und Rinden und Zweige. Bin ich denn ein Holzwurm, daß ich von Rinden leben kann?

Er hält inne.
Oh! Ich habe eine großartige Idee.
Ich suche mir einfach etwas zu fressen.

Er trottet los.
Mitten im Wald gibt's eine Hütte.
Die hat bestimmt eine Speisekammer. Eine mit furchtbar vielen Speisen in der Kammer! Zum Beispiel Honigkekse oder Honigwaffeln oder Honigwaffelkekse, ...
Ach ... und wenn es nur ein einfacher Topf voll Waldhonig wäre und eine Kiste Kekse, es wäre mir lieber als Zweige und Rinden und Rinden und Zweige.
Da leg ich mich als Findelbär vor die Tür – und die guten Leute, die dort wohnen, bekommen sicher ganz viel Mitleid mit mir. Dann lassen sie mich in ihre Speisekammer und dann –

Er beginnt auf einem Zweig herumzukauen. Da kommt die Schützengilde. Die Schützenbrüder singen schon hinter der Bühne aus vollem Hals und nähern sich singend dem Bären. Sie singen das Lied „Wir sind die wilden Schützen". Der Bär versteckt sich.
Er läßt die Schützen an sich vorbeiziehen und sieht ihnen bewundernd nach.
Sie verschwinden im Bühnenhintergrund.

Das sind aber tolle Kerle.
Da komm' ich mit.
Wer so schön singen kann, hat auch eine gutgefüllte Speisekammer.

Er versucht, das Lied nachzusingen.

Und haben ein Gewehr,
juchei, und auch noch Schützen-mützen,
es wird dem Tier nichts nützen
ähh ... und das gefällt uns sehr
juchei. Oder so ähnlich ...

Der Bär geht ab.

Nun holtert und poltert es, viele Stimmen sprechen durcheinander, die Schützen kommen ins Schützenhaus. Sie ziehen das große weiße Tuch zur Seite. Die Schützenstube ist eingerichtet.

Also jetzt mal ehrlich, ich finde unser Schützenlied zwar auch schön, aber sollten wir zu Weihnachten nicht wenigstens mal Weihnachtslieder singen?

Aber nein.

Aber doch.

Aber nein.

Darüber beraten wir später, ob Weihnachtslieder oder nicht. Weihnachtslieder – erst muß mal das Essen auf den Tisch, das ist schließlich das Wichtigste an Weihnachten.

Der Tisch wird mit Tonkrügen oder Blechbechern gedeckt.

Noch wichtiger ist ein volles Faß mit Honigmet.

Im Keller steht's!

Ich geh ja schon!
von draußen
Autsch! Was liegt denn da vor unserer Haustüre rum?
Er schleppt den Findelbär in die Schützenstube.

Nanu, was ist denn das?

Ein Faß ist das nicht! Wo hast du das denn entdeckt?

Entdeckt? Drübergefallen bin ich! Es lag vor unserer Haustür auf der Treppe. Bis in den Keller bin ich gar nicht mehr gekommen!

Ein merkwürdiges Ding. Vielleicht ein Pelzmantel?

Ein bißchen schwer für einen Pelzmantel, da ist auch irgendwas drin!
Er packt den Findelbär und schüttelt ihn wie einen Sack, aus dem etwas herausfallen könnte.

Verflixt und zugenäht! Völlig dicht! Was ist das nur?

Wenn ich auch mal was sagen dürfte?

verdutzt
Wie bitte?

Ich bin ein Findelbär!

Ein Bär?

Ein Bär?
Sie nehmen ihre Gewehre und legen an.

Eben nicht Bär! Findelbär!

Bist du ein wildes Tier, ja oder nein?

Ja, nein, im Gegenteil.

flüstert
Vielleicht ist es ein Schützenbruder aus Nettelstedt, der uns hereinlegen will!

raunt zurück
Gut möglich.

Sehr gut möglich.

Höchstwahrscheinlich sogar.

Die Nettelstedter lassen sich doch jedes Jahr was Neues einfallen, um uns reinzulegen!

Diese Schufte!

Was machen wir jetzt mit ihm?

Wir füttern ihn mit Honigkeksen, bis er nicht mehr kann!

hat mitgehört
Ausgezeichnete Idee.

Und dann stecken wir ihn in eine Bärenhöhle, als wär's ein echter Bär.

Hä?
Die Schützen holen Kisten mit Keksen.

Wie wär's, wenn du jetzt das Faß holen würdest. Aber Vorsicht, vielleicht liegt noch ein Nettelstedter auf der Treppe.

Wird gemacht!

Keine Angst. Es gibt nur einen Findelbären auf der Welt, aber der hat dafür auch Durst.

augenzwinkernd
Das glaub ich. Typisch Nettelstedt! Herr Bär, das Honigmetfaß kommt sofort!

Es wird hereingerollt. Sie verteilen die Becher und stoßen an.

augenzwinkernd
Zu Weihnachten soll Friede sein zwischen Jägern und Bär!

auch augenzwinkernd
Das finde ich auch. Das finde ich auch!

Zu Weihnachten trinken Jäger und Bär doch immer aus einem Faß!

fröhlich
Das weiß ich nicht genau, da bin ich aber auch dafür.

... und sie singen zusammen ein Weihnachtslied!

Oh, ja, das finde ich auch.
Der Bär steht auf und beginnt inbrünstig das Schützenlied zu singen.

Wir sind die wilden
Schützen
und haben ein Gewehr –
juchei –
und auch noch Schützen-
mützen,
und das gefällt mir sehr.

Herr Bär, Sie sind im Grunde ein Schütze durch und durch, das merkt man sofort.

Aber seine Sache als Bär macht er nicht schlecht, das muß man ihm lassen.
Sie stoßen an.

Hmmm, das schmeckt.

Schenkt ihm nach.In Nettelstedt soll man nicht sagen, wir wüßten nicht, wie man einen Bären bewirtet!
Alle lachen

... und wie man zu Weihnachten Weihnachtslieder singt!

Fängst du schon wieder damit an!

Aber wenn doch Weihnachten ist!

Also gut, dann singen wir halt ein Weihnachtslied.
Wie geht das eine mit dem Findelkind?

Findelbär!

Windelkind!

Krippenkind!

Also Krippenkind.

leise
Krippenbär.

Sie singen das Lied „Es liegt ein kleines Windelkind"

gähnt
Oh, ja.
Er ist eingeschlafen.

Schaut euch den an, unseren tapferen Nettelstedter Schützenbruder.
Er zieht seine Jacke aus und deckt den Findelbär zu.

Wenn man ihn so schlafen sieht, könnte man meinen, es wäre tatsächlich ein Bär.
Er rollt seine Schützenweste zu einem Kopfkissen und legt es vorsichtig unter den Kopf des Findelbären.

Wenn man es nicht genau wüßte: er ist ein Findelschütze.

Aus Nettelstedt.

Pssst, leise. Sonst wacht er auf.
Sie nehmen ihn auf und tragen ihn davon.

Jetzt tragen wir ihn in eine Höhle. Da wird er sich aber wundern, wenn er aufwacht.

Das wird er bestimmt.

Hmjamjamjam!
Er wird hinausgetragen. Ein Schütze kommt noch einmal und löscht das Licht.

DIE WEIHNACHTSMÄUSE

Handlung

Zu Weihnachten trifft sich die ganze Mäuseverwandtschaft bei den Kirchenmäusen. Die zwei kleinen Mäuse haben noch nie ein Weihnachtsfest erlebt und wissen deshalb auch nicht einmal, was Schnee ist. Wie können sie dann wissen, was in der Kirche zu Weihnachten für ein seltsames und ergreifendes Lebkuchenwunder geschieht?

Bühne

Dieses Spiel sollte möglichst auf Podesten mit einer Grundfläche von etwa 6 x 5 m gespielt werden. Im Hintergrund hängen zwei Prospekte hintereinander (Herstellung siehe Seite 21). Der vordere Vorhang sollte weiß, ziegelrot oder ocker sein, so daß man die Vorstellung von einer Kirchenwand hat. In diesen Vorhang wird eine Öffnung in Form eines gotischen Fensters mit der Breite von mindestens einem Meter geschnitten. Der Fensterrahmen wird am besten aus Weichfaser geschnitten und – nachdem er mit einer Ahle vorgelocht wurde – so in die Vorhangöffnung hineingenäht, daß man auf den dahinter hängenden Prospekt sehen kann.
Der im Abstand von etwa 1,20 m dahinter hängende zweite Vorhang sollte möglichst lichtblau oder türkis sein, damit der Eindruck von Himmel und Weite entsteht.

Kostüme und Requisiten

Die Mäuse
Die *Kirchenmäuse* tragen schwarze Gymnastiktrikots, an die ein etwa 1,30 m langer Stoffschlauch als Schwanz angenäht wird. Dieser Schwanz wird mit Füllwatte ausgestopft. Zum Spielen bewegen die Kinder den Schwanz mit den Händen. Die runden Mauseöhrchen werden aus Filz ausgeschnitten und können auf Haarreifen festgeklebt werden, die mit grauem oder schwarzem Stoff umkleidet werden. *Feldmaus, Wühlmäuse* und *Siebenschläfer* tragen ähnliche Kostüme in Grau- oder Brauntönen. Die alte *Graumaus* ist einerseits wie eine Maus, andererseits wie ein altes

Weibchen gekleidet: sie trägt einen langen grauen Rock und vielleicht einen kleinen weißen Spitzenkragen. Eine spitze Mausenase kann man leicht aus Schaumstoff schneiden, bemalen und wie eine Clownsnase mit zwei Bändern befestigen.
Natürlich kann man den Spielern Mäusenäschen und Fühlhaare auch einfach aufs Gesicht schminken.

Die Lebkuchen
Die Lebkuchen dürfen natürlich echt sein. Machen Sie möglichst große. Auf einer Seite sind sie ganz mit Zuckerguß bestrichen, auf der anderen Seite haben die Kinder schon vorab Muster aus Zuckerguß gemacht. Haben die Mäuse den Lebkuchen am Muster entlang fertig benagt, wird das Gebäck so hingelegt oder hingehängt, daß die Muster-Seite nicht zu sehen ist.

Der Schnee
Den Schnee kann man aus Watte oder aus Zellstoff zupfen. Zwei „Schneemacher“ stehen auf Bockleitern links und rechts *hinter* dem ersten Vorhang und werfen die Flocken in die Luft. Schneetreiben entsteht, wenn ein dritter Helfer mit einer großen stabilen Pappe die „Schneeflocken“ in der Luft verwirbelt.

Rollen

Kirchenmaus Pieps

Kirchenmaus Fieps

Elvira, die Graumaus

Theodora, die Feldmaus

Tristan, Wühlmäuserich

Penelope, seine Gattin

Siebenschläfer

Pfarrer

Gemeinde

Die Weihnachtsmäuse

Zwei Mäuse in einem großen Raum: die eine schaut durch ein Fenster im Hintergrund. Die Form des Fensters läßt erkennen, daß es sich um ein Kirchenfenster handelt. Die zweite Maus liegt ein Stück entfernt auf dem Rücken und hat gemütlich die Beine übereinandergeschlagen und die Ärmchen hinter ihrem Kopf verschränkt. Weil die erste Maus dem Publikum den Rücken zugewendet hat, muß sie besonders sorgfältig und deutlich sprechen.

Schau mal ...

Hmmh? Was meinst Du?

Draußen ist es ganz komisch.

Die zweite Maus trippelt neugierig zum Fenster.
Was ist da denn Komisches?

Schau mal: der Himmel.

Du hast recht.
Da fällt etwas vom Himmel.

Regen ist das aber keiner!

Nein, Regen ist das keiner.
Und Vögel sind das auch nicht!

Aber es sieht trotzdem so aus, als ob es Federn sind.

nach einer Pause
Vielleicht sind es ja auch welche.

So ein Unfug: der Himmel ist doch kein Huhn, das Federn verliert!

Aber wenn es doch so aussieht.

Es sieht vielleicht so aus, ist aber nicht so. Das ist der Unterschied.

Aber was ist es denn dann?

Das weiß ich nicht. Aber das kann man herausfinden. Man muß es anfühlen. Halt' mich mal fest!
Die zweite Maus streckt den Schwanz zum Fenster hinaus, das erste Mäuschen hält sie, und so fängt die zweite Maus einige Flöckchen auf.

Es ist kalt.
Die beiden schauen sich die Flocken auf dem Schwanz der zweiten Maus genau an.

Es sieht aus, als wären es kleine Sternchen.

Wenn es kleine Sternchen sind, dann ist es ein richtiges Wunder. Weil sonst keine Sterne vom Himmel fallen würden.

Wir müssen die Graumaus fragen!

Ja, das müssen wir.
Die beiden Mäuschen huschen los, um die alte Graumaus zu finden.

aufgeregt
Graumaus! Graumaus! Wir haben etwas entdeckt.

Ja, der Himmel fällt herunter, und viele Sternchen sind schon da und machen alles weiß.

Ach, das meint ihr, das ist doch nichts anderes als Schnee.

Schnee?

Wenn es Winter wird, dann fällt der Schnee vom Himmel. Daran merkt man, daß Weihnachten immer näher kommt.

Winter?

Weihnachten?

Was hast du da gerade eben gesagt?

Ihr Mäusekinder seid noch jung, darum wißt ihr noch gar nicht, was Weihnachten ist. Es wird gefeiert, daß ein kleines Kind auf die Welt kam, das die ganze Welt verändert hat.

Ein Mäusekind?

Ein Menschenkind. Darum gibt es solche Kirchen wie unsere hier.

Ach so – und ich dachte, die wären extra für uns Mäuse gebaut worden.

Natürlich kommt auch Besuch. Eure Tante, die Feldmaus, kommt, und die Wühlmäuse. Und wenn wir Glück haben, kommt auch der Siebenschläfer. Vorausgesetzt, er wacht rechtzeitig auf!

Wie schön – ein Fest!

Ein Mäusefest!
Es klopft an die Tür.

Da kommen schon die ersten.
Die Feldmaus kommt herein.

Theodora! Liebste!

Graumaus! Meine Beste!
Und das sind sicher die kleinen Mäuse. Sind die süßsinddiesüßsinddiesüß ...!
Sie kneift die beiden Kirchenmäuse in die Wangen.

leise zur zweiten Kirchenmaus
Au weia!

Das ist eure Tante Theodora. Sie kommt vom Feld.

Es klopft ein zweites Mal. Wieder öffnet die Graumaus. Nun tritt das Ehepaar Wühlmaus ein.

Tristan! Penelope! Wie schön!

Graumaus!
So schnell ist ein Jahr vorbei!

Jaja, an den Kindern kann man es sehen. Letztes Jahr waren sie noch gar nicht da. Und schwupp – sind sie groß!

Wir haben euch etwas mitgebracht!

Eine Wurzel! Zum Nagen!!
Die beiden kleinen Mäuse fallen über die Wurzel her und benagen sie.

Hey, die ist ja klasse!

Ihr sollt doch den Kindern nicht so große Geschenke machen!

Jetzt laß doch, Graumaus! Wir machen den kleinen Mäusen doch gern eine Freude. Und es ist doch auch gut für die Zähne.

Theodora schaut sich um.
Wo ist denn der Siebenschläfer?

Der wird schon noch kommen. Wenn ich mich recht erinnere, ist er jedes Jahr zu spät gekommen.

ängstlich
Ja, aber, wenn er verschläft?

Er weiß doch, daß du auch kommst!

nickt zufrieden
Oh!

reibt sich erwartungsvoll die Pfoten
Wo sind die Lebkuchen wohl in diesem Jahr versteckt?

Die kleinen Kirchenmäuse hören auf, an ihrer Wurzel zu knabbern, und schauen verwundert auf.

Gibt's denn Lebkuchen?

Was für Lebkuchen denn?

Nun, am Weihnachtsabend werden die Lebkuchen in einem Sack vor den Weihnachtsbaum gehängt. Das machen die Menschen. Die Menschenfrauen haben sie gebacken.

Aber dafür, daß sie auch schön verziert sind, dafür sorgen die Weihnachtsmäuse.

ausrufend
Und das sind wir!!!

schnuppert
Wo sind sie wohl diesmal versteckt? Hoffentlich sind sie schon gebacken!

belehrend
Natürlich sind sie schon gebacken. Lebkuchen muß man drei Wochen vor Weihnachten backen. Und jetzt sind es nur noch (...) Tage!

zu den kleinen Mäusen
Der Pfarrer versteckt den Sack ganz gerne. Damit es für uns Mäuse etwas spannender wird.

Der Gute!

Alle Mäuse beginnen zu schnuppern und suchen auf der Bühne den Sack mit Lebkuchen. Die beiden Kirchenmäuse finden ihn schließlich und schleppen ihn herein.

Wir haben was!
schnuppernd
Ein Sack – der riecht vielleicht gut!

Aber er schnarcht!

Unfug! Lebkuchensäcke schnarchen doch nicht.

Der Sack wird hereingezogen und ausgepackt. Er schnarcht tatsächlich, der Sack.

Das liegt am Siebenschläfer, der darin war und nun zum Vorschein kommt.

Die Lebkuchen!

Der Siebenschläfer!

verschlafen
Ist schon Frühling?

streng
Es ist nun bald Weihnachten! Auf der Stelle kommst du aus dem Lebkuchensack heraus! Das ist doch unappetitlich.

Theodora hat inzwischen einen Lebkuchen genommen und beginnt ihn ein bißchen zu beknabbern.
Sinddiesüßsinddiesüßsinddiesüß!

scharf
Kirchenmäuse beten vor dem Essen!!!

Tante Theodora legt den Lebkuchen schnell zurück. Dann beten die Mäuse.
Dank dem Himmel für das Fressen,
hast uns Mäuse nicht vergessen.
Muß so viel auch gar nicht sein,
Mäusebäuche sind so klein.

Amen!

Werden die jetzt einfach aufgefressen?

Wo denkt ihr hin! Natürlich nicht.

Wir nagen jetzt schöne kleine Muster hinein.

Kleine Muster?

Natürlich! Menschen bekommen das nicht so gut hin. Das sind ja auch keine richtigen Nager!

Wir sind ein bißchen wie die Osterhasen, die im Frühjahr die Eier verzieren.

genüßlich
Natürlich geht hin und wieder auch einmal ein Lebkuchen zu Bruch. Den müssen wir dann leider, leider fressen.
Theodora zerbricht nun – beinahe versehentlich – einen Lebkuchen.

sehr streng
Theodora!

beleidigt
Der war schon angeknackst!
Sie steckt dem Siebenschläfer eine Hälfte ihres zerbrochenen Lebkuchens zu.

Oh. Danke. Mjammjammjam...

Zu einer weihnachtlichen Instrumentalmusik nagen die Mäuse nun Muster in die Lebkuchen hinein. Wenn sie fertig sind, legen sie die Lebkuchen schön in eine Reihe oder hängen sie – besser – an einer Art Wäscheleine auf.

Wie schön!

Wie sehr schön!

Nun müssen wir uns verstecken, denn bald beginnt der Gottesdienst, und dann ist hier alles voll.

Ach, die paar Menschen!

Na, täusch dich nicht.
Zu Weihnachten ist die Kirche gut besucht!

Man hört draußen Geräusche, die andeuten, daß nun die Gemeinde mit dem Pfarrer kommt.

Da kommen welche!

Schnell weg!

Alle Mäuse verstecken sich schnell. Der Siebenschläfer bleibt allerdings liegen. Er schläft schon wieder.

Der Siebenschläfer!
Sie rennt noch einmal zurück und schüttelt den Siebenschläfer wach.
Schnell, Menschen kommen!

Ich bin aber noch müde.

Ich hab' noch ein paar Krümel Lebkuchen!

Gut, dann komm ich ...

Wenn alle Mäuse versteckt sind, tritt der Pfarrer ein. Er schaut sich um und sieht die Lebkuchen, die da hängen oder ausgelegt worden sind. Die Gemeinde folgt ihm.

Liebe Gemeinde. Weihnachten ist ganz nah. Und wie alle Jahre wollen wir sehen, ob sich kurz vor Weihnachen, so wie das Wunder der Barbarazweige, auch das Lebkuchenwunder ereignet hat.
Er schaut nach den Lebkuchen.
Es hat.

leise
Und das Barbara-Wunder, das sind auch wir?

Aber nein: Nur das Lebkuchen-Wunder, das sind wir. Wir Weihnachtsmäuse.

Wie schön!

Ja – ein bißchen sind wir wie Engel.

Jetzt merk ich's auch!

Und ich auch!

CROUTON, DIE STALLSCHWALBE

Handlung

Crouton, die Stallschwalbe, ist dieses Jahr nicht mit nach Afrika geflogen. Seine Frau und er sind zu sehr mit der Instandhaltung ihres Schwalbennestes beschäftigt. Als er mit Baumaterial im Frack in seinen Stall zurückkehrt, sieht er, daß hier inzwischen ganz andere eingezogen sind: es sind Maria und Josef mit ihrem Kind und dem Engel, der alle drei beschützt.
Crouton beschließt, sich in Zukunft selbst um den neuen Stallbewohner zu kümmern, weil er um sein Wohl fürchtet.

Bühne

Im Bühnenhintergrund hängt ein dunkler Vorhang. Auf der Bühne steht die Krippe. Fünf bis sieben Strohballen liegen auf der Bühne. Strohballen können Sie beim Bauern oder einem Reitstall ausleihen. Ein paar Hände voll Heu werden auf dem Boden verstreut. In der Krippe ist ebenfalls Heu.

Kostüme und Requisiten

Maria und Josef
Maria trägt ein rotes Kleid, mit einem darübergelegten langen blauen Tuch. Josef hat einen braunen Umhang umgelegt und einen Wanderstab in der Hand.

Der Engel
Der Engel ist mit einem weißen, bodenlangen Kleid kostümiert. Zwei siebzig Zentimeter lange Stäbe werden in seinen halbrund geschnittenen Stoffumhang eingearbeitet, so daß der Engel nur mit ausgebreiteten Armen hinter Maria und Josef steht.

Crouton und seine Frau
Crouton hat eine viel zu große schwarze Jacke oder einen Frack an. Unter der

Jacke ist er weiß angezogen, mit T-Shirt und Strumpfhosen. Die schwarze Mütze und eine spitze kleine Papiernase, die mit einem Gummiband gehalten wird, machen ihn zu einer ordentlichen Stallschwalbe. Croutons Frau trägt anstatt des Fracks eine graue Strickjacke und einen grauen oder schwarzen Rock. Crouton hat in seinen Fracktaschen Federn und Wolle gesammelt. Einen Zweig schleppt er hinter sich her. Davon bricht er einfach ein Stück ab, um ihn an den Rand der Krippe zu stecken.

Spieltips

Bei diesem kurzen Stück kann man bei den Proben verschiedene Varianten durchspielen. Dabei kann Crouton von jedem Spieler anders dargestellt werden. Mal ist er vielleicht ein aufgeregter, zappliger Vogel, mal ein langsamer Bursche mit verrauchter Stimme. Das Spiel von Josef, Maria und dem Engel dagegen bleibt immer gleich. Sie lassen Crouton gewähren und lächeln gelassen im Hintergrund.

Rollen

 Croutons Frau

 Crouton, die Stallschwalbe

 Engel

 Maria

 Josef

Crouton, die Stallschwalbe

Im Stall befinden sich Maria und Josef und der Engel. Croutons Frau steht etwas abseits.

Crouton! Crouton! Wo bleibt er nur?
Wenn er sieht, was hier los ist ...
Er ist unterwegs, um Federchen und Zweige zu sammeln. Crouton!
Sie wendet sich an das Publikum.
Mein Mann und ich sind in diesem Jahr nicht in den Süden geflogen. Wir haben uns vorgenommen, in aller Ruhe unser Schwalbennest zu richten. Denn man weiß ja, wie es ist: Sind erst die Jungen da, kommt man zu nichts mehr. In aller Ruhe –
Sie zeigt hinter sich
Daraus wird wohl nichts! Crouton!! Da kommt er ja! Na, der wird sich wundern!

Crouton hüpft flügelschlagend auf die Bühne und zerrt einen Zweig hinter sich her.

deutet auf die Krippe
Was ist denn das für ein schlampiges Nest? Wer hat denn das gebaut?

Psst!

vorwurfsvoll
Aber das ist doch wahr! Sieht aus wie Kraut und Rüben.

beschwichtigend
Still, Vogel! Wenn du wüßtest, wen du vor dir hast!

Das seh' ich: Merkwürdige Vögel! So baut man doch kein ordentliches Nest!

Das sind Maria und Josef. Sie sind froh, daß sie wenigstens eine Futterkrippe haben.

Was haben sie denn da hineingelegt? Das ist doch nie im Leben eine Schwalbe?

Das ist ein Kind. Leise. Es schläft.

Wo hat es denn seine Flügel?

Ein Kind braucht keine Flügel.

Unsinn. Jeder braucht Flügel. Wie soll es denn sonst fliegen? Du hast doch auch welche!

Ich bin ein Engel.

Engel? Nie gehört. Nestflüchter oder Nesthocker?

Schutzengel!

schüttelt bedenklich den Kopf
Das kann nichts Rechtes sein!
betrachtet das Kind
Und Federn hat es auch keine! Es ist doch kalt!

stöbert seine Manteltaschen durch
Hier hast du welche!
legt Federn über das Kind
Jetzt hast du's wärmer!
Crouton bricht ein Stück vom Zweig ab.
Damit du nicht rausfällst! Und hier, die Wolle ist für dich!
zupft die Wolle zurecht und legt sie in die Krippe
Ich kann ja wieder welche sammeln.

Vielen Dank.

Schon recht. Bekommt es denn auch genug zu fressen?

Kleine Kinder trinken Milch. Sie essen noch nichts.

Oh, nein! Die haben ja wirklich keine Ahnung.
zum Kind
Keine Angst, solang' ich lebe, wirst du nicht zugrunde gehen. Gleich geh' ich los und bringe dir einen schönen dicken Regenwurm!
flattert davon

Crouton! Und an unser Nest denkst du wohl gar nicht ... Crouton! Crouton!
Sie geht rufend hinter ihm her und dann ab.

JUBILATE ODER DIE HIMMELSLEITER

Handlung

Jubilate ist ein sehr neugieriger Engel. Er möchte zu gerne auf die Erde, weil doch gerade Weihnachten ist. Aber das darf er nicht, denn er ist noch zu jung. Mit Hilfe der Himmelsleiter gelingt es ihm, für kurze Zeit zu entwischen und bei Familie Jubeljahr im Weihnachtszimmer die Festvorbereitungen zu beobachten.

Bühne

Bodentuch

Ein blaues, leichtes Bodentuch (ca. 4 x 5 Meter) ist in diesem Spiel wichtig. Entweder kauft man den entsprechenden Stoff als Restposten in einem Kaufhaus bzw. Stoffgeschäft, oder man sammelt weiße Stoffreste (Laken), färbt und näht sie zu einem großen Tuch zusammen. Mit etwas Glück kann man es auch leihen (Theaterfundus, Ballettschulen). Ein solches Tuch ist aber in jedem Fall eine sinnvolle Anschaffung, die auch bei weiteren Stücken gut wiederverwendet werden kann.
An den vier Ecken des Bodentuches ist je eine Schnur befestigt, die oben an der Decke durch jeweils eine Ringschraube (6/8 mm) geführt wird. Auf diese Weise ist es möglich, das Tuch nach oben und unten zu bewegen.
Das Tuch erhält für die Himmelsleiter eine Öffnung von 3 m Länge. Hier werden einfach die Stoffbahnen nicht vollständig zusammengenäht. Sollten Sie schon ein großes Tuch zur Verfügung haben, öffnen Sie die Naht an einer Stelle vorsichtig.
Für die Szenen im Himmel bleibt das Tuch am Boden liegen, und die Engel gehen darauf umher. Für die Szenen auf der Erde zieht man das Tuch nach oben. Nun ist der Himmel über den Spielern. Das Heben und Senken des Himmels ist nur dann wirkungsvoll, wenn es gut geprobt ist.

Requisiten

Im Himmel

Der Himmel ist bescheiden eingerichtet. Etwas rechts von der Mitte der Bühne steht eine einfa-

che *Holzbank* ohne Lehne, daneben ein Notenständer. Solche Bänke gibt es in Kindergärten oder Grundschulen. Sie gehören meist zum Inventar. Dasselbe gilt für den *Notenständer.* Beides steht zu Beginn des Spieles schon auf der Bühne. Das wichtigste Requisit ist die *Himmelsleiter*: eine ganz normale Holzbockleiter. Am besten wirkt sie, wenn sie schon alt und abgegriffen aussieht. Man kann sie auch mit Schlämmkreide bemalen.
Die Himmelsleiter wird im hinteren Drittel der Bühne aufgestellt. Sie bleibt während des Erdenbesuchs von Jubilate dort stehen.

Bei Familie Jubeljahr
Das *Fenster* der Familie Jubeljahr wird aus vier Holzleisten in der Größe 80 x 120 cm zusammengeschraubt. Wer wenig Erfahrung mit solchen Arbeiten hat, sollte sich von einem Handwerker helfen lassen, damit das Fenster stabil wird. Aber Vorsicht! Das Fenster darf nicht zu schwer werden. Auf einem Stativ wird es so befestigt, daß die Unterkante etwa 1,10 m hoch ist. Ein schöner Spieleffekt entsteht, wenn das Fenster immer von einem Spieler in der gleichen Höhe gehalten und übergeben wird. Das ist allerdings nicht leicht, erfordert viel Konzentration und sollte nur mit schon älteren und geübten Spielern versucht werden.
Die Bank aus der Szene im Himmel bleibt stehen und wird mit ein paar Kissen zum *Sofa*.
Der *Tannenbaum* steht in einem Ständer und ist nur etwa 1,60 m groß, damit der Auf- und Abbau für die Kinder nicht zu schwer wird. Es gibt auch Plastik-Tannenbäume, die sich wie Schirme aufklappen lassen.
Kugeln, Lametta, Lichterkette und sonstige Dekorationen sind in der Weihnachtszeit in jedem Laden erhältlich oder können von zu Hause mitgebracht werden.
Geschenkpäckchen können die Kinder selbst aus Pappschachteln herstellen, die dann mit einer 5 cm breiten Kreppapier- oder Stoffschleife geschmückt werden.

Kostüme

Die Engel
Weiße Nachthemden sind für die Engel gut geeignet. Sie werden mit einer Kordel um die Taille getragen. Nur Jubilate hat anfangs keinen Gürtel. Die Engel tragen Sandalen oder Gymnastikschuhe.

Familie Jubeljahr
Noch ist nicht Weihnachten. Die Familie Jubeljahr trägt ihre alltäglichen Kleidungsstücke: *Herr Jubeljahr* und *Udo* jeder eine Hose mit Hemd, der Vater eine Strickweste dazu. *Frau Jubeljahr* hat ein Kleid an, darüber eine Küchenschürze; *Sophie* einen Rock mit Bluse oder T-Shirt.

Beleuchtung und Farben

Für dieses Theaterstück wird eine Beleuchtungsanlage dringend empfohlen. Im Himmel ist es hell. An Farben gibt es nur blau, weiß und gelb. Auf der Erde dagegen gibt es alle Farben. Für das Wohnzimmer der Familie Jubeljahr nehmen Sie das Licht etwas zurück, so daß eine warme, gemütliche Atmosphäre entsteht.

Rollen

Jubilate, der kleine Engel

Amadeus, Leiter des Engelchors

Sibelius, Engelsältester

Laurenzo, Sternschnuppenvorsteher

Angelus, Vorsänger

Venezius, Stellwerksleiter

vier oder mehr Engel

Heinz Jubeljahr

Helga Jubeljahr

Sophie

Udo

Jubilate oder Die Himmelsleiter

1. Szene: Jubilate braucht Ferien

Ein großes blaues Bodentuch liegt ausgebreitet auf der Bühne: der Himmel. Jubilate tritt auf. Er hat ein viel zu großes Engelskleid an. Manchmal stolpert er darüber. Amadeus sitzt auf einem Bänkchen an seinem Notenständer. Er komponiert gerade.

aufgeregt
Amadeus!

Jetzt hab ich's!
Jubilate setzt sich still neben Amadeus.

Das ist es! Das ist sehr gut!
Das ist himmlisch!
Er notiert.
Jubilate tippt Amadeus auf die Schulter.

Wo ist Sibelius?

Ich weiß nicht.
Er war gestern wieder nicht beim Abendsingen. Wenn er nicht Engelsältester wäre, würde ich ihn im Chor ganz nach hinten stellen.

Er hat eben viel zu tun. Ich muß ihn dringend etwas fragen, aber ich traue mich nicht. Amadeus, bitte, fragst du für mich?

freundlich
Um was geht es denn?

nachdrücklich
Ich brauche Ferien! Nur einen Tag!

Ferien? Wozu denn?

Ich möchte einmal auf die Erde kommen.

empört
Jetzt hör aber auf! Auf die Erde! Dazu bist du noch viel zu klein und außerdem zu jung. Das erlaubt dir Sibelius nie! Da kommt er schon! Ich frage ihn.

Sibelius ist im Gespräch mit Laurenzo vom Sternschnuppenverkehrsverein.

Wir müssen dafür sorgen, daß morgens noch eine Sternschnuppe zwischen Schlange und Großem Bär verkehrt. Eine ist genau eine zu wenig.

Aber wer soll die fliegen?
Alle sind beim Morgensingen um diese Zeit!

Amadeus geht auf die beiden zu, Jubilate versteckt sich ein wenig hinter ihm.

Sibelius, Verzeihung, aber ...

... ich weiß! Ich war gestern nicht bei der Chorprobe, Amadeus – aber ich habe so viel zu tun in diesen Tagen. Die Sternschnuppenfahrpläne müssen überarbeitet werden. Der Stellwerksleiter will die Himmelsleiter neu streichen lassen und kann sich wegen der Farbe nicht entscheiden. Und dann die vielen Flugschüler. Es geht drunter und drüber.

Und rauf und runter!
Der kleine Jubilate möchte auf die Erde.

schnell
Kommt nicht in Frage.

Das hab ich ihm auch gesagt.

Er ist viel zu klein.

Das hab ich ihm auch gesagt.

Und außerdem zu jung.

zu Jubilate
Siehst du, das hab ich dir alles auch gesagt.
zu Sibelius
Aber er läßt sich nicht davon abbringen!

flehentlich
Bitte, Sibelius, es ist doch Weihnachten auf der Erde, und Angelus hat mir erzählt, daß es auf der Erde an Weihnachten besonders schön ist.

Angelus ist groß, und du bist klein, das ist der Unterschied. Dein Engelskleid ist dir noch viel zu lang! Du würdest stolpern, wenn du die Himmelsleiter hinunterkletterst.

Ich habe keine Angst, ich kann doch fliegen!

Trotzdem. Die Erde ist noch nichts für dich.

Bitte, Sibelius, ich möchte so gerne die Feuerbäume sehen.

Welche Feuerbäume?

Er meint die Tannenbäume mit den Kerzen.

Ach so, die! Viel zu gefährlich.

träumerisch
Und die Zimtsterne, Mandelmonde und Bärentatzen.

hat nur halb zugehört
Bärentatzen? Viel zu gefährlich.

Wenn Angelus mitkommen würde?

Jetzt muß ich aber auch mal was sagen. Angelus ist in diesem Jahr Vorsänger im Engelchor. Er ist unentbehrlich.

streng
Da hörst du's, und jetzt keine Widerrede mehr!

Sibelius und Laurenzo gehen weiter.
Wo war'n wir stehen geblieben?

Bei Jubilate und Amadeus denke ich.

Aber nein, ich meine doch im Gespräch.

Wir waren gerade dabei zu überlegen, wer die Sternschnuppe zwischen Bär und Schlange fliegen könnte.

Ja richtig, es muß jemand sein, der beim Morgensingen entbehrlich ist. Am besten ist, ich fliege sie selbst!

Tut mir leid!
Er gibt Jubilate das Notenblatt.
Schnell, bring' das zu Angelus. Er soll es üben bis zur nächsten Chorprobe.
Er nimmt den Notenständer, und sie gehen in verschiedene Richtungen ab. Jubilate stolpert über sein langes Kleid.

Hoppela ...!
Er geht ab.

2. Szene: Jubilate bei Angelus

Angelus geht auf und ab und lernt dabei auswendig. Dann springt er auf die Bank, bleibt stehen und holt tief Luft, in diesem Moment kommt Jubilate dazu.

Angelus, Amadeus schickt mich. Du sollst das hier lernen, bis zur nächsten Chorprobe.

ärgerlich
Ich wollte gerade jubilieren! Zeig mal ... oje, das schaffe ich nie.

Natürlich schaffst du das! Du, Angelus ...

ungeduldig
Was ist denn noch?

Das stimmt doch, was du mir erzählt hast?

Was denn?

Na, daß es auf der Erde an Weihnachten besonders schön ist...

Natürlich stimmt das!

Daß es Zimtsterne gibt und Feuerbäume ...

zerstreut
Ja, ja, das stimmt!
Er liest nebenher das Notenblatt.

drängend
Und daß es nirgendwo auf der Welt schöner sein kann!?

Nirgendwo. Sonst noch was?

Darf ich mir das mal ausleihen?
Er hält eine Kordel hoch, die bei Angelus auf der Bank liegt.

Was willst du denn damit?

Seilspringen!

Meinetwegen, aber wiederbringen! Das ist schließlich mein Gürtel!
Jubilate rennt davon, Angelus geht langsam ab.

3. Szene: Auf zur Himmelsleiter

Jubilate hat sich die Kordel umgebunden und sein Gewand hochgerafft, so daß er nicht mehr stolpert. Die Himmelsleiter liegt am Boden. Venezius sitzt verdrossen darauf. Er hat fünf DIN A4 große Farbkarten bei sich: rot, gelb, blau, grün und orange. Er hält sie immer wieder an die Leiter und überlegt.

Venezius, ich habe gehört, die Himmelsleiter soll gestrichen werden.

Stimmt.

Aber wieso denn, sie sieht doch gut aus!

Sie sieht überhaupt nicht gut aus. Sie sieht aus wie eine alte Gerüstleiter.

Stell sie mal aufrecht hin, daß ich sehen kann, ob du auch recht hast.

Kann ich machen. Dann wirst du's mir glauben.
Er stellt die Leiter auf.
Siehst du, daß sie dringend Farbe braucht? Wenn ich nur wüßte, welche!

klettert schnell ein Stück hinauf
Wie wäre es mit rot?

hält die rote Karte an die Leiter
Nein, nein. Eine Feuerwehrleiter kommt mir nicht in den Himmel.

Jubilate beschäftigt ihn mit Vorschlägen, dabei steigt er die Himmelsleiter immer weiter hinauf und auf der anderen Seite wieder hinab. Während er hinabsteigt, wird das Bodentuch langsam von vier oder mehr Engeln hochgezogen. Nachdem sie die Enden festgemacht haben, gehen sie ab.

Gelb? Wie wär's mit gelb.

Gelb? Für eine Himmelsleiter? Wenn schon, dann blau.

Wie wäre es bunt gestreift? So wie der Regenbogen!

stellt alle Karten der Reihe nach auf
Das ist gut. Gestreift wie der Regenbogen. Das gefällt mir. So. Jetzt kannst du aber wieder heraufkommen, Jubilate.

Später! Wenn ich alles gesehen habe.
Jubilate schaut sich staunend um.

Jubilate ... komm zurück.
Du bist doch noch viel zu jung für die Erde.
Er bekommt keine Antwort.
Nichts zu machen. Oh, nein, oh, nein! Wenn das Sibelius erfährt, bin ich die längste Zeit Stellwerksleiter gewesen.
Er geht ab.

4. Szene: Auf der Erde

Geschafft.
Er schaut sich um und schaudert.
Ist das kalt hier.
Er sieht, wie Familie Jubeljahr das Weihnachtszimmer vorbereitet. Herr Jubeljahr bringt einen Tannenbaum. Kugeln werden an den Baum gehängt. Das Fenster wird zwischen Jubilate und dem Weihnachtszimmer aufgestellt. Jubilate stellt sich auf Zehenspitzen und schaut ins Zimmer, dann klopft er. Vater Jubeljahr schaut heraus.

Verzeihung, ich bin ein Engel und komme gerade vom Himmel.

zuckt mit den Achseln
Keiner da.
Er geht ins Zimmer zurück. Jubilate klopft wieder, Herr Jubeljahr schaut verärgert heraus.

Da spielt uns jemand einen Streich.

Ich heiße Jubilate und komme gerade vom Himmel ...
Oh, er sieht mich nicht!

Herr Jubeljahr will wieder zumachen, da ruft Frau Jubeljahr von hinten.

Heinz, laß das Fenster offen. Die Bärentatzen sind angebrannt! Puhhh ... alles schwarz.

Bärentatzen? Hier bin ich richtig.

Er steigt durchs Fenster und setzt sich als unsichtbarer Gast auf das Sofa. Die Kinder und der Vater schmücken zusammen den Baum. Die Mutter bringt einen Teller mit Plätzchen.

Ich weiß nicht, mir ist irgendwie besonders weihnachtlich zumute in diesem Jahr.

Mir nicht. Alles geht schief. Die Bärentatzen sind angebrannt, und die Zimtsterne gehen nicht auf. Aber du hast recht, hier im Weihnachtszimmer ist es wirklich besonders weihnachtlich in diesem Jahr. Merkwürdig, dabei ist doch alles wie immer!

blickt auf den Tannenbaum
Sieht er nicht gut aus? Einen so schönen Baum hatten wir noch nie!

Das sagst du jedes Jahr!

Ja, aber diesmal mein' ich es wirklich!

Und wo ist der Engel?

springt auf
Hier bin ich!

Ach ja, der Engel! Er muß auf die Tannenspitze!

Oje. Na gut, ich versuch's.
Jubilate will gerade die Tanne hinaufklettern, da sieht er, wie der Vater aus einem Karton den großen Rauschgoldengel holt und ihn auf der Tannenspitze festmacht.

etwas beleidigt
Phhh! Der sieht vielleicht aus. So ein Angeber.
Er fängt an, Plätzchen zu essen.

Fertig! So, und jetzt geht in euer Zimmer, bis ihr die Weihnachtsglocke hört.

Die Kinder gehen ab, die Eltern legen die Geschenke unter den Baum, große verschiedenfarbige Schachteln mit Schleifen. Dann gehen sie. Jubilate ist allein. Er macht die Lichterkette am Tannenbaum an und packt die Geschenke aus.

Geschenke! Die muß man doch auspacken, hat Angelus gesagt.
Er packt einige Geschenke aus und sitzt inmitten der Papiere und seufzt zufrieden.

Eine Kaffeekanne! Ein Buch ... und hier, was das wohl ist!?
Glücklich und erschöpft läßt er sich in die Papiere fallen.

Schöner kann es nirgends auf der Welt sein, höchstens im Himmel!
Jubilate steckt noch einige Plätzchen ein, öffnet das Fenster, dabei fällt die Glocke hinunter. Er verschwindet schnell. Die Kinder kommen.

Ojeoje. Diese Eltern! Wie die kleinen Kinder. Sie können es einfach nicht abwarten!

Und die Plätzchen haben sie auch gegessen! Papa, Mama, wo seid ihr denn?
Sie suchen und gehen ab.

5. Szene: Jubilate hat ein bißchen Bauchweh

Jubilate steigt die Himmelsleiter hinauf, dabei wird das Tuch heruntergelassen. Das Weihnachtszimmer wird währenddessen abgebaut. Venezius kommt.

ärgerlich
Jubilate, da bist du ja wieder! Du hast mich aber ganz schön reingelegt.

Dafür habe ich dir auch etwas mitgebracht! Hier!
Er gibt ihm Plätzchen.
Oje. Ich bin ziemlich satt!
Er hält sich den Bauch. Venezius läßt es sich schmecken, da kommen Engel vorbei.

Sie gehen zum Christfestsingen! Komm, wir dürfen nicht fehlen.

Sie gehen hinterher. Von allen Seiten strömen nun die Engel zusammen und stellen sich auf. Angelus muß als Vorsänger ganz vorne auf der Bank stehen. Es ist ihm peinlich, denn er hat sein Engelshemd nicht ordentlich gürten können, weil Jubilate seine Kordel noch nicht zurückgegeben hat. Da kommen Jubilate und Venezius.

Endlich, Jubilate. Das wurde aber auch Zeit!

Jubilate gibt ihm den Gürtel und geht auf seinen Platz. Er gibt seinem Nachbarn eine Bärentatze.

flüstert
Durchgeben, ist für Angelus.

Die Engel geben die Bärentatze durch, jeder beißt ein kleines Stückchen ab. Jedesmal flüstern sie dazu:

Durchgeben, ist für Angelus.

Amadeus schlägt mit dem Taktstock auf den Notenständer.

erst verwundert, dann tadelnd
Was ist denn das? Eine Bärentatze? Ohooo! Jubilate, du warst nicht Seilspringen, du warst auf der Erde!

flüstert
Ja. Psst. Nicht so laut.

Meine sehr verehrten Heerscharen, Ruhe bitte. Auch die Putten in der zweiten Reihe!

Einen Moment. – Ich bin noch nicht soweit.
Er ißt genüßlich den Rest der Bärentatze.
Hmm. Köstlich! Jetzt kann ich!

Amadeus gibt den Ton an, alle singen das Lied „Lasset uns jubeln“.

D A7 D A7
Vorsänger: Las- set uns ju- beln und tri - - um - phie - ren. Chor: Ju - - - bi -
D A D G
lie - ren, tri - - - um - phier'n. V: Las- set uns sin-gen in höch - sten
D G D G D
Höh'n! Ch: Höch - sten Höh'n, höch - sten Höh'n! V: En- gel sind
A7 D A7 D
wir und dem Höch - sten nah! Ch: Wun - - - der - bar,
A D A7 D A D
wun - der - bar! V: Wun - der - bar! Ch: Wun - der - bar!

DREIKÖNIGSSPIEL

Handlung

Die drei Könige machen sich auf, um den „neugeborenen König" zu finden. Der „Stern von Bethlehem" weist ihnen den Weg. Auf ihrer Reise treffen sie verschiedene Menschen, die ihnen alle nicht den Weg zum neuen König weisen können. So kommen sie zum König Herodes, der sich sehr für den neugeborenen König interessiert. Der Sternträger-Engel schickt sie weiter zum Stall. Dort bringen sie dem Jesuskind ihre Geschenke. Vom Engel gewarnt, fliehen Maria, Josef und das Kindlein nach Ägypten, um Herodes zu entkommen.

Bühne

Die „Bühne" besteht aus einem großen Kreis mit zwölf Stühlen. Zwischen den Stühlen muß man bequem hindurchgehen können.

Kostüme und Requisiten

Der Sternenträger-Engel
Das Kostüm des Sternenträgers wird auf Seite 15 beschrieben

Die drei Könige
Den drei Königen sind von alters her bestimmte Farben zugeordnet: zu König *Kaspar* gehört grün, zu *Melchior* rot und *Balthasar* blau. Sie tragen entsprechende Umhänge, die die Spieler einfach wie Capes um die Schulter tragen. Die Umhänge werden vorne mit einer goldenen Kordel geschlossen. Jeder der Könige hat ein besonderes *Geschenk* in einem Kistchen bei sich. Dafür kann man Schuhkartons anmalen oder bekleben: Kupfern ist das Behältnis von König Kaspar, silbern das von Balthasar, und das von Melchior ist golden. Für die *Steine aus Kristall* kann man Bauklötze mit Silberfolie umwickeln. Der *blühende Zweig* sollte ein echter Barbarazweig sein. Wenn das *Lämmchen* erwähnt wird, deutet der Hirte in den Bühnenhintergrund.

Maria und Josef
Sie sind gekleidet wie in allen traditionellen Weihnachtsspielen (siehe Seite 15).

Der Lastenträger
Der Lastenträger sieht in seiner abgerissenen Kleidung fast wie ein Bettler aus. Er trägt ein löchriges Stirnband mit einem dicken Knoten und einen zerrissenen Umhang, der die eine Schulter bedeckt, die andere jedoch freiläßt.
Er trägt über den Schultern einen Stab, an dem an beiden Seiten Lasten in Tüchern befestigt sind. Als Lasten eignen sich zusammengeknautschte Tücher.

Der Bauer
Der Bauer trägt einen Überwurf, der in der Taille mit einer Kordel zusammengebunden ist. An den Füßen trägt er „Fußlappen", die ebenfalls mit Schnur oder Kordel festgebunden sind. Um seinen Kopf hat er ein Tuch gewunden.

Der Hirte
Der Hirte trägt ein Schaffell über einer Schulter, das in der Taille mit einem Strick gehalten wird. Auf dem Kopf hat er einen Filzhut mit breiter Krempe.

König Herodes
König Herodes trägt einen roten Umhang. Seine Krone hat keine spitzen Zacken, sondern statt dessen rechtwinklige Vierecke. Werden die Spieler geschminkt, so kann man Herodes mit kräftigen schwarzen Augenbrauen versehen.

Die Wächter
Die Wächter tragen blaue Tücher, die wie eine Toga um den Leib geschlungen werden. Eine Schulter bleibt dabei frei, die andere ist durch den Stoff bedeckt. Verknotet wird das Tuch unter der Achsel des freien Armes.
Beide Wächter sollten einen langen Stock in der Hand haben (Besenstiel), der oben eingesägt wird. In den entstehenden Spalt wird eine mit Silberbronze bemalte Kartonspitze gesteckt, die anschließend festgenagelt wird. Ein Stück des blauen Stoffes (etwa 40 cm x 1,00 m) wird als

Kopfschmuck benutzt. Er wird um den Kopf gebunden, wobei die Enden seitlich über das Ohr herunterhängen.

Rollen

- Sternträger-Engel
- König Kaspar
- König Melchior
- König Balthasar
- Maria
- Josef
- ein Lastenträger
- ein Bauer
- ein Hirte
- Herodes
- erster Wächter
- zweiter Wächter

Dreikönigsspiel

Alle Mitspieler folgen dem Sternträger-Engel und schreiten im Kreis um die Stühle.

Der Sternträger-Engel singt die erste Strophe von „Ein heller Stern".

gesprochen
Drei Könige werden sie genannt,
aus dem fernen Morgenland.
Der Sternträger-Engel geht in die Kreismitte. Alle anderen Spieler setzen sich auf die Stühle. König Kaspar geht in die Mitte, um den Stern zu betrachten.

verbeugt sich
Kaspar werde ich genannt,
bin Sternenweiser hier im Land.
Ich sah den Stern am Himmel steh'n
und glaub', ich sollte mit ihm geh'n.
Hier ist Myrrhe, und ich glaube,
daß ich mir solch Geschenk erlaube.
Er verbeugt sich und bleibt beim Stern stehen.

Der zweite König, Melchior, steht von seinem Stuhl auf und geht in die Mitte.

Ich bin König Melchior –
gerade kam es mir so vor,
als wies' der Stern am Himmel dort
im Westen einen Wunderort.
Ich nehme Gold mit mir, ich denke,
daß ich damit Gutes schenke!
König Melchior verbeugt sich vor dem Stern, dann vor König Kaspar.

König Balthasar erhebt sich und tritt auf den Sternträger zu.

Ich bin König Balthasar
und seh' den Stern dort wunderbar.
Er sagt mit seinem hellen Schein:
Ein Kindlein wird geboren sein.
Ich nehm' Weihrauch mit –
will hoffen,
daß das Kind wird angetroffen!
König Balthasar verbeugt sich zunächst vor dem Stern, dann vor den beiden anderen Königen. Diese verbeugen sich ebenfalls.

Der Stern, er führt uns von hier fort
an einen weitentfernten Ort.
So ziehen wir zum Königskind,
daß wir beizeiten bei ihm sind.

Nun setzt sich der Sternträger in Bewegung, die drei Könige folgen ihm.
Sie ziehen im äußeren Kreis um die Stühle herum ihre Bahn. Während sie reisen, singen alle Spieler ein Lied. Maria und Josef stehen auf und gehen in die Kreismitte.

Alle singen die zweite Strophe von „Ein heller Stern".

2. In einem Stall
bei Bethlehem,
noch vor des Städtchens Toren,
da weiß man schon
seit ehedem,
da wird ein Kind geboren.
Ein Ochse und ein Eselein,
die stehen nahebei,
die hauchen es mit Atem an,
damit gewärmt es sei,
damit gewärmt es sei.

Maria und Josef gehen wieder zu ihren Stühlen zurück und nehmen die Krippe mit an den Rand des Stuhlkreises. Wenn sie sitzen, bleiben die drei Könige stehen. Ein Lastenträger steht nun in der Mitte.

ruft über den Kreisrand hinweg ins Innere
Dreikönige sind wir genannt
und kommen aus dem Morgenland
Wir wollen fragen, ob Ihr's wißt,
wo der neue König ist.

Von einem König, neugebor'n
hab ich nichts gehört.
Doch schaut, ihr Herren, hochgebor'n,
was man hier erfährt:
Diese Steine auf dem Acker

wurden zu Kristall.
Das, ihr Herren, weitgereist,
war noch nie der Fall.

So sind wir auf der rechten Bahn –
so ziehen wir auch weiter dann.

Wieder gehen die Dreikönige im Kreis, bis sie auf den Bauern treffen, der blühende Zweige in seiner Hand hält.

Dreikönige sind wir genannt
und kommen aus dem Morgen-
land.
Wir wollen fragen, ob Ihr wißt,
wo der neue König ist.

Von einem König, neugebor'n,
hab' ich nichts gehört.
Doch schaut, ihr Herren, hochge-
stellt,
was man hier erfährt.
Dieser Zweig von einem
Sträuchlein
war wie tot und kahl,
und nun grünt und wächst und
blüht er –
alles auf einmal.

Wenn solches Wunder hier
geschah,
ist gewiß der Heiland nah.
So zogen wir die rechte Bahn,
so ziehen wir auch weiter dann.

Wieder gehen die Dreikönige im Kreis, bis sie auf den Hirten treffen.

Dreikönige sind wir genannt
und kommen aus dem Morgenland.
Wir wollen fragen, ob ihr wißt,
wo der neue König ist.

Von einem König, neugebor'n,
hab' ich nichts gehört.
Doch schaut, ihr Herren, hochgestellt,
was man hier erfährt.
Die Schafe kriegen ihre Jungen
erst zur Frühjahrszeit,
doch ein einz'ges kriegt ein Lämmlein
in der Nacht auf heut'!

Wenn solches Wunder uns geschah,
ist gewiß der König nah.

Der einz'ge König, den ich kenn'
wohnt in der nahen Stadt.
Herodes ist der Herr genannt,
der den Palast dort hat.

Die Dreikönige verbeugen sich vor dem Hirten, der nun wieder seinen Platz aufsucht. Zwischenzeitlich wird der Thron von König Herodes (sein Stuhl im Kreis) nach vorne gerückt. Damit man Herodes besser sehen kann, setzt er sich auf die Lehne des Stuhls, die entsprechend stabil sein sollte. Zwei Wächter stellen sich vor ihm auf.

Dies ist der Palast des Königs Herodes.
Wer hier hineingeht, ist des Todes.

zusammen
Dreikönige sind wir genannt
und kommen aus dem Morgenland.
Wir wollen fragen, ob Ihr wißt,
wo der neue König ist.

Beide Wächter schauen sich ahnungslos an.
Von einem König, neugebor'n,
ist uns nichts bekannt.
Ihr Herren seid wohl nicht von hier,
Ihr seid uns unbekannt.

Wir woll'n dem neuen König Gaben
bringen, die wir bei uns haben.

Weihrauch, Gold und Myrrhe fein,
das sollen die Geschenke sein.

Es rief ein Stern uns bis hierher,
seit gestern seh'n wir ihn nicht mehr.

Wir Wächter können nicht viel sagen.
Wir werden unsren König fragen.
Beide Wächter gehen zum Thron des Herodes, um ihm die Nachricht der Dreikönige mitzuteilen. Zunächst flüstert der erste Wächter dem König ins Ohr.

Drei Könige?!

Nun flüstert der zweite Wächter dem König ins Ohr.

Ein neugeborener König?

Wieder flüstert der erste Wächter.

Geschenke? Nun, dann bringt sie herein!
Die Dreikönige treten vor den Thron des Herodes.

Dreikönige, so sind wir genannt
und kommen aus dem Morgenland.
Ich stell' uns alle einmal vor:
Hier Kaspar, dort ist Melchior
Ich selber bin, und das ist wahr,
der dritte König – Balthasar.

Was führt euch denn zu mir ins Reich?
Zögert nicht und sagt es gleich.

Wir sahen einen hellen Stern,
wir folgten seiner Weisung gern.

Verheißt den Menschen hierzuland:
ein neuer König ist gesandt.

Noch ist er zwar ein Kind und klein,
doch bald wird er erwachsen sein.

Ein neuer König, saget an:
was wird dem alten dann getan?

Der neue ist für alle Welt,
der alte wird ihm unterstellt.

König Herodes springt erregt von seinem Stuhl auf. Doch dann beruhigt er sich und spricht gespielt sanft.

Den König will ich gerne sehen
und möcht' so gern ihm unterstehen.
Sagt mir, wenn Ihr ihn habt entdeckt,
daß man mich sofort zu ihm trägt.

Die Dreikönige verneigen sich. Dann gehen sie.

Ich weiß, was ich ihm bringen werd':
ich bring dem kleinen Kind das Schwert!

Wächter und König Herodes setzen sich wieder auf ihre Plätze im Stuhlkreis. Der Sternenträger-Engel und die Dreikönige gehen im Außenkreis einige Runden, bis Maria und Josef wieder in der Mitte an der Krippe zu sehen sind.

Alle singen die dritte Strophe von „Ein heller Stern".

3. Sie hatten keinen langen Weg
und gingen nur zwei Stunden.
Da haben sie auf einem Feld
einen Stall gefunden.
Ein Ochse und ein Eselein,
die stehen nahebei,
die hauchen es mit Atem an,
damit gewärmt es sei.
Damit gewärmt es sei.

Der Stern steht hell am Himmel droben.
Nun müssen wir die Engel loben,
die uns den weiten Weg geführet
bis hierher, wie's dem Kind gebühret.

Josef tritt ihnen ein Stück entgegen.

Ihr Könige, kommt, tretet her,
wir alle drei, wir freu'n uns sehr.
Das Kind dort in der Krippe liegt,
von Marien leicht gewiegt.

Die Könige fallen auf die Knie nieder und beten das Kind an.

Hier Myrrhe, Kind, soviel du willst.
Nie bessre Myrrhe du erhieltst.
Sie duftet dir so wunderbar,
den Weihrauch bringt dir Balthasar.
Er weist auf den neben ihm stehenden König.

Von allen Dingen, die ich habe,
ist Weihrauch meine beste Gabe.
Liebes Kindlein, sei uns hold.
Melchior, der bringt dir Gold.
Er weist auf den neben ihm stehenden König.

Rein'res Gold hat es im Leben
niemals irgendwo gegeben.
Ich geb' es dir, du Krippenkind,
weil wir von dir geladen sind.

Der Engel tritt zwischen sie.
Geht zurück in euer Reich,
Herodes sucht bereits nach euch –
und wird er dieses Kindlein finden,

vermehrt gewiß er seine Sünden.
Dem König, dem ist nicht zu trauen.
Er verbreitet schlimmstes Grauen.
Maria, Josef und du, Kind,
flieht, damit er euch nicht find't.
Nach Ägypten sollt ihr geh'n.
Herodes soll euch niemals seh'n.

Die Könige verbeugen sich und ziehen im großen Kreis davon. Der Sternträger-Engel leitet nun Maria, Josef und das Kind.

Alle singen die vierte Strophe von „Ein heller Stern".

4. In einem Stall
bei Bethlehem,
noch vor des Städtchens
Toren,
da weiß man schon
seit ehedem,
da wurd' ein Kind geboren.
Doch flohen sie
noch diese Nacht:
Maria, Josef, Kind.
Sie zogen in ein andres Land,
damit sie sicher sind.
Damit sie sicher sind.

Vom selben Autor sind im FALKEN Verlag bereits erschienen:
Neue Reimspiele und Spielreime (1426)
Neue Spielgeschichten und Theaterstücke (1631)
Vorhang auf! (1688)

Dieses Buch wurde auf chlorfrei gebleichtem
und säurefreiem Papier gedruckt.

Die Deutsche Bibliothek – CIP-Einheitsaufnahme

Wieland, Lorenz:
Weihnachtliche Theaterstücke für Kinder von 5 bis 13 Jahren /
Lorenz Wieland. – Niedernhausen/Ts.: FALKEN, 1996
ISBN 3 8068 1727 8

ISBN 3 8068 1727 8

Lieder: Lorenz Wieland und Jürgen Treyz
Umschlaggestaltung: Andreas Jacobsen
Layout: Atelier Tiger color, Tom Menzel, Lübeck
Redaktion: Ronit Jariv; Christiane Glier-Bäuml, Bad Ems
Herstellung: Peter Beckhaus, Mainz
Titelbild: KONTRAST fotodesign, Frankfurt/M.
Zeichnungen: Peter Beckhaus, Mainz

Satz: Peter Beckhaus, Mainz
Notensatz: Scorale / Jürgen Krekel, Ober-Olm
Druck: Konkordia Druck GmbH, Bühl, Baden

817 2635 4453 6271